T0156487

EL ARTE DE LA
DUPLICACIÓN

EL ARTE DE LA DUPLICACIÓN

EDUARDO SERRANO

Para realizar pedidos de este libro, contacte con:
Palibrio LLC
1663 Liberty Drive
Suite 200
Bloomington, IN 47403
Gratis desde EE. UU. al 877.407.5847
Gratis desde México al 01.800.288.2243
Gratis desde España al 900.866.949
Desde otro país al +1.812.671.9757
Fax: 01.812.355.1576
ventas@palibrio.com
495861

Índice

Introducción

El arte de la duplicación es un libro enfocado hacia los líderes de las iglesias y ministerios la cual los instruye a enfocarse en sus responsabilidades ministeriales con el pueblo de Dios. Compuesto por siete capítulos, cada capítulo encierra en si una enseñanza que va dirigida a los líderes enfocándose en problemas existentes en las iglesias y la solución para cada una de ellas. A continuación unas pequeñas sinopsis de cada capítulo.

- Primer capítulo "El legado de una Visión" muestra al lector el poder de una visión de Dios en la vida de un líder. Es la visión de Dios la cual comienza hacer efecto en el primer discípulo llamado líder duplicando el propósito de Dios en este. Si la visión de Dios no está clara en el líder, éste no podrá duplicarse en la vida de otros.

- Segundo capítulo "Multiplicación vs. Duplicación" confronta a los líderes con iglesias llenas de multitudes, pero pocos verdaderos discípulos. La multiplicación, es la representación de las multitudes en la iglesia versus la duplicación, que es la representación del carácter desarrollado en los discípulos. Este capítulo deja muy claro que para poder hacer discípulos conlleva un trabajo de mano a mano con el discípulo.

- Tercer capítulo "Portadores de visión" demuestra cómo una visión produce vida dentro de un discípulo y revoluciona la vida de este por completo. Es a través del discipulado por el cual la visión de Dios producirá frutos los cuales trascenderá a las próximas generaciones. Es aquí donde los discípulos se convierten en maestros iguales que sus líderes.

- Cuarto capítulo "El miedo de la duplicación" señala directamente cuales son los principales obstáculos del discipulado en las iglesias y ministerios. Los celos, envidia y la falta de madurez de muchos ministros han hecho de la verdadera comisión de Dios una egolatría ministerial. Un verdadero discipulado es basado en llamar a otros líderes, formarlos para el reino de Dios y luego enviarlos para que hagan cosas mayores que sus líderes.

- Quinto capítulo "Autoridad delegada" habla como la falta de duplicación en el Reino ha creado una esterilidad espiritual en las iglesias en donde el poder de Dios no es manifestado. Si el líder no imparte autoridad sobre la vida de los discípulos, éstos nunca harán cosas mayores que su maestro. Muchas veces la desconfianza de un líder en sus discípulos actúa como un anticonceptivo para la expansión de reino de Dios. El líder debe recordar que su tiempo en la tierra es limitado y el legado de Dios a las generaciones venideras no debe morir cuando el líder muera.

- Sexto capítulo "Para ser buenos líderes tenemos que ser excelentes servidores," aquí entenderás que lo que Dios ha puesto en sus manos como líder ha sido un pueblo para que le sirvas en sabiduría y lo prepare para gobernar juntamente contigo. Es a través del servicio donde los discípulos verán a su maestro enseñarles la mejor virtud de un hombre de Dios, la humildad. Cuando un líder adopta una actitud de servicio por los demás, la comunidad que le rodea le verá como la solución a sus problemas a través de Cristo.

- Y por último, las "Características de un líder" son expresadas a través del El fruto del Espíritu. Usted como líder podrás tener visión, credibilidad, pasión, carisma y muchas otras cualidades pero, si el fruto del Espíritu no es manifestado en usted, entonces aún no tienes las características de Jesucristo las cuales hicieron la diferencia en todos nosotros.

El legado de una visión

En la década de los sesenta Martin Luther King Jr dio un discurso muy conocido llamado "I Have a Dream" (Yo tengo un sueño). Aunque este discurso fue dado hace más de cuarenta años, hoy en día muchas personas gozan de la visión dada a este líder que abogó por una igualdad de derechos civiles y sociales en Estados Unidos. A pesar de que el mismo Martin Luther King no pudo gozar o participar de estos derechos, el legado de su visión influyó en millones de personas para continuar abogando por sus derechos civiles.

Cuando un líder recibe una visión de parte de Dios, ésta lleva consigo un legado que no se detendrá aunque el líder muera. La visión tiene un compromiso con las generaciones venideras para así cumplir un propósito en la tierra. Es aquí donde el arte de la duplicación comienza, con una visión.

El Poder de una Visión

La palabra *visión*, según el diccionario de la Real Academia Española, es: "imagen que, de manera sobrenatural, se percibe por el sentido de la vista o por representación imaginativa". Cuando observe esta definición me pregunté: ¿Cómo puede algo que no tiene forma, sino que es una representación imaginativa tener tanto poder? Luego de pensar por un momento, pude entender que la misma definición tiene la respuesta a mi pregunta. La visión siempre será algo **sobrenatural** porque no ha sido manifestada todavía en lo natural. El poder sobrenatural de la visión tiene la capacidad de influir, enfocar, animar y levantar al líder cuando todo está en su contra.

Cuando Moisés fue escogido por Dios para llevar al pueblo de Israel a la tierra prometida, fue la visión de Dios que impartió sobre Moisés **poder sobrenatural** para poder luchar en contra de toda clase de adversidades. Moisés entendió que mientras él caminara todo los días hacia el cumplimiento de la visión, ese poder sobrenatural estaría con él hasta el día de su muerte.

El poder sobrenatural de una visión es impresionante. Cuando miro la vida de Moisés a partir del momento que decidió seguir la visión de Dios, son inexplicables las cosas que Moisés pudo lograr. Para entender qué poder existe en una visión, hay varias situaciones por las cuales Moisés pasó para vencer todo obstáculo mientras él sólo se enfocaba en la visión de Dios.

1. Dios convierte el bastón de Aarón en serpiente y éste se come las serpientes de los magos y sabios del faraón (Éxodo 7:8-13).

2. Moisés convierte las aguas en sangre (Éxodo 7:14-24).

3. Moisés levanta sus manos al cielo y hace llover granizo sobre Egipto (Éxodo 9:13-35).

4. Moisés extendió sus brazos al cielo y vino sobre Egipto una oscuridad de tres días (Éxodo 10:21-29).

5. Moisés extendió su bastón y partió el mar Rojo en dos para que el pueblo pasara en seco al otro lado (Éxodo 14:1-30).

6. Moisés convierte las aguas amargas en aguas dulces (Éxodo 15:22-27).

7. Moisés declara que caerá mana del cielo (Éxodo 16:1-36).

8. Moisés golpeo la peña y de ella brotó agua (Éxodo 17:1-7).

Moisés, como ser humano, no tenía la capacidad de hacer estas cosas a menos que algo sobrenatural —**una visión de parte de Dios**— lo respaldara a él como líder. Siempre he creído que un líder que no tiene visión tampoco tendrá poder para superar problemas y adversidades que se le atraviesen en el camino.

Consultar a Dios

Moisés como líder pudo entender que sólo podría tener éxito en el cumplimiento de la visión consultando a Dios en todo momento. Cada vez que Dios le declaraba a Moisés una palabra, éste la combinaba con su fe. Esta combinación crea poder. **El poder de Dios se manifiesta siempre y cuando la fe del hombre es combinada con una palabra divina.**

El problema de muchos líderes cristianos de hoy en día es que se han adueñado de la visión de tal manera que se creen autosuficientes. Es aquí donde muchos ministerios no tienen éxito porque el **poder no puede ser manifestado hasta que consultemos al dueño exclusivo de la visión y éste declare una palabra con poder.**

Siempre que consulte a Dios, espere una contestación.

Muchas personas consultan a Dios pero no saben esperar una contestación. Es aquí donde el hombre por su impaciencia quiere hacer el trabajo que le corresponde a Dios, arriesgándose a sufrir consecuencias en vez de resultados. No crea que sólo porque usted esté trabajando en la visión ésta se ha de cumplir cuando usted diga. Una característica muy común entre los líderes es la impaciencia. Si usted es líder pero es impaciente, quiero decirle que la visión lo hará esperar hasta que su carácter sea transformado conforme a al fruto del Espíritu Santo.

Seguir instrucciones

¿Cree usted que el poder de Dios se manifestará si no seguimos sus instrucciones al pie de la letra? **Si usted contestó que no**, quiero decirle que está totalmente equivocado. En el capítulo 20 del libro de Números, Moisés se encontraba en una situación donde el pueblo de Israel no tenía agua para beber y ellos exigieron respuestas de su líder. Moisés, como siempre, consultó a Dios. Cuando Dios escuchó su clamor, Él le ordenó que reuniera a todo el pueblo y que delante de ellos le hablara a la peña para que brotara agua. Moisés hizo como Dios le había indicado, excepto que maltrató al pueblo con sus palabras y golpeó la peña en vez de hablarle.

Por mucho tiempo yo no pude entender cómo Dios permitió que saliera agua de la peña si Moisés no siguió las instrucciones al pie de la letra. ¿Cómo es posible que un acto de desobediencia pudiera activar el poder de Dios? La respuesta está en la **visión**. Dios está comprometido primero con su visión, y luego con los hombres. La visión de Dios es perfecta pero no la del hombre. Por eso cuando Moisés golpeó la peña, Dios hizo fluir agua de ella porque su compromiso era con su visión y no con los errores de Moisés. Aunque Moisés obtuvo lo que necesitaba en aquel momento, su acción de desobediencia no le permitió a él ni a Aarón entrar a la tierra prometida. Es a través de esta historia que podemos observar que aunque un hombre manifieste el poder de

Dios, esto no lo hace exento de sufrir consecuencias por no seguir sus instrucciones al pie de la letra.

Un legado

Cuando un líder comienza a preparar discípulos, lo primero que éste debe inculcar en sus sucesores es la visión. Es importante que un líder siempre lleve a sus discípulos hacia la visión para que ésta imparta sobre ellos ese mismo poder que ha sido investido sobre el líder. Es a través de la duplicación de la visión en otros líderes que generaciones futuras gozaran de este legado.

La palabra *legado*, según el diccionario, es: "persona que con una suprema potestad eclesiástica o civil envía a otro para tratar un negocio". También dice "aquello que se deja o transmite a los sucesores, sea cosa material o inmaterial".

Para que la visión sea fortalecida y se lleve a cabo, el líder tiene que saber cómo delegar autoridad sobre otros líderes. Esto quiere decir que aunque la visión comienza con una sola persona, el líder tiene que hacer partícipe a los seguidores de la visión a través de la delegación de autoridad. Si usted como líder no puede confiar en otros seguidores de la visión, quiero decirle que está creando esterilidad dentro de la visión. **La duplicación empieza cuando los líderes comparten la responsabilidad de la visión con otros líderes, y como resultado, esta duplicación crea un legado.**

En Éxodo 18, Moisés se encontraba en una situación donde su responsabilidad dentro de la visión era muy difícil de sobrellevar. Cuando Moisés habló con su suegro Jetro, éste dirigido por Dios, aconsejó a Moisés para que escogiera hombres virtuosos y temerosos de Dios para que lo ayudaran a liderar dentro de la visión. Fue a través de la delegación de autoridad que un líder llamado Josué emergió y terminó siendo la persona que culminó lo que Dios empezó a través de Moisés. Hoy muchos conocemos a Josué como el hombre que repartió la tierra prometida al pueblo de Israel. Pero eso no fue todo; el legado de Moisés a través de la visión abrió camino a la llegada de nuestro Salvador, el Señor Jesucristo.

Reflexión del capítulo:

- El arte de la duplicación siempre comenzará con una visión.
- Un líder tiene que hacerse uno con la visión. La compenetración del líder con la visión crea un cordón de tres dobleces, difícil de romper. Dios + Visión + Líder = Bendición (**Eclesiastés 4:12).**
- La visión atrae a otros para poder realizar el propósito de esta misma.
- La visión forma líderes.
- Nunca habrá duplicación sin delegación de autoridad.
- Un buen líder sabe que su existencia en la tierra es limitada, pero su legado, a través de la visión, dura para siempre.

Multiplicación vs. Duplicación

Mateo 28:19
"Vayan, pues, a las gentes de todas las
naciones, y háganlas mis discípulos".
La verdadera multiplicación viene
por causa de la duplicación.

Uno de los mayores problemas que la iglesia de hoy en día está sufriendo es la falta de discipulado. Vemos muchas iglesias llenas de multitudes, pero pocos son verdaderos discípulos. Existe una gran diferencia entre la multiplicación dentro de la iglesia y la duplicación.

En una ocasión, un pastor iba a comenzar a predicar en una iglesia y de momento cinco hombres con escopetas entraron y dijeron: "Aquel que crea en Dios morirá hoy si se quedan dentro de esta iglesia". De repente, de cien miembros que había, solamente quince permanecieron junto al pastor. Luego que salieron todas aquellas personas que temían por su vida, los hombres dijeron: "Pastor, puede continuar con su servicio porque ya nos deshicimos de los que sólo asisten a la iglesia". El pastor sorprendido les pregunto: "Pero ¿no dijeron que iban a matar aquellos que se quedaran dentro de la iglesia?". Entonces los hombres le respondieron: "No, estos quince que están aquí junto a usted son sus verdaderos discípulos y del Señor también".

¿Cuál es la moraleja? La Palabra dice que muchos son los llamados (multitudes) pero pocos los escogidos (discípulos). Muchas multitudes vendrán a usted, pero su tarea es discipular las multitudes para el reino de Dios. Como vimos en la historia anterior, los verdaderos discípulos son los que se quedarán junto a usted en los momentos más difíciles, cuando todos los demás le hayan abandonado. Ellos serán los que perseverarán junto a usted porque tienen el mismo Espíritu y visión. Son los que incluso están dispuestos a morir, si es necesario, por cumplir la visión de Dios.

Duplicación = Discipulado

Jesucristo dijo a sus discípulos: *Vayan, pues, a la gente de todas las naciones, y háganlas mis discípulos* (Mateo 28:19). A través de la historia, no ha habido un hombre en toda la tierra que haya sido tan efectivo en discipular como Jesús. Es por medio de la vida de Jesús que podremos ver cómo un maestro debe discipular a sus alumnos y apreciar las características que debemos adoptar como líderes. ¿Por qué Jesús? Sencillo. Cuando un hombre pueda mantener un legado como Jesús ha podido hacerlo por más de dos mil años, entonces hablaremos de éste. Pero hasta el sol de hoy no hay nadie y nunca habrá quien pueda superar al Maestro de maestros llamado Jesús.

Cuando estudiamos la vida de Jesús desde el comienzo de su ministerio, lo primero que Jesús hizo fue escoger hombres comunes y corrientes para logar su propósito en la tierra. **Jesús entendió que la única manera que él podría lograr su propósito era con la ayuda de sus discípulos**. Él sabía que el propósito de Dios era eterno y su responsabilidad era de depositar en sus discípulos la visión de Dios. Jesús escogió a doce con la idea de educarlos, formarlos y disciplinarlos para la expansión del reino de Dios. Jesús, como todo buen entrenador escogió a sus jugadores y formó un equipo ganador.

Entre más cerca, mejor.

Cuando yo tenía veintitrés años de edad, mi pastor en aquel momento, el pastor Dr. Vicent Gaddis, vio en mí un deseo genuino de servir a Dios. Pero había un detalle: yo era inmaduro. Él, como todo buen pastor, tomó mi deseo genuino de servir y empezó a discipularme personalmente. Para mí fue algo muy especial, pues aquel hombre pastor, tomaba de su tiempo para educarme, formarme y disciplinarme. Recuerdo cuando él sintió el deseo de discipularme, me dijo: "A parte de los días de culto, quiero reunirme contigo todos los martes a las 7:30am en el McDonald's de la Naper". Fue aquí donde comencé a ser discipulado por líderes en el reino de Dios. La oportunidad que Dios me ha dado de ser discipulado por grandes maestros, me ha enseñado que **la mejor manera de discipular a otra persona es de estar cerca el uno del otro.**

Esta enseñanza, la de estar cerca de sus discípulos, la podemos ver a través de la vida de Jesús. Luego que Jesús escogiera sus doce discípulos, estos hombres pasaron la mayoría del tiempo cerca de su Maestro. Ellos pudieron oír, ver, oler, tocar y experimentar las enseñanzas de su Maestro durante toda su vida. **Jesús sabía que si él tenia de cerca a sus discípulos, esto les enseñaría más que un simple mensaje desde el altar o un seminario.** Fue por medio de la participación como equipo que los discípulos crecieron y maduraron más rápido dentro de la visión.

En Mateo 14:13-19 podemos ver cómo Jesús guía a sus discípulos luego de traer una preocupación a Él. En esta historia había muchas personas junto a ellos, se estaba haciendo tarde y todos tenían hambre. Los discípulos se acercaron al Maestro con la idea de despedir a la gente para resolver el problema. Pero Jesús les respondió: "Eso no es necesario; denle **ustedes** de comer". Automáticamente los discípulos respondieron que sólo tenían cinco panes y dos peces. Jesús, siendo un hombre sabio, tomó esta oportunidad para educar a sus discípulos demostrándoles que ellos podían hacer las mismas cosas que Él. Jesús no les dijo; "despídanlo", sino que les dijo; "Denles ustedes de comer".

Al estar en equipo y al estar cerca uno del otro podemos hacer grandes cosas. Si usted continúa leyendo esta historia, fue Jesús quien oró por los peces y panes, pero fueron los discípulos quienes repartieron la abundancia de la comida. **Jesús quería enseñarles que cuando estamos juntos y unidos en el trabajo, el trabajo es más liviano y la abundancia es mayor.**

Un día mientras estaba siendo discipulado por el apóstol Dr. Rigoberto Carrión, éste me enseñó que en el Reino de Dios no existen "llaneros solitarios" porque la visión de Dios es demasiado grande para que un ministro pueda cumplirla por sí mismo. De la única manera que se puede cumplir es por medio de un equipo de trabajo. A Jesús le bastó con doce para poder lograr su encomienda. ¿Cuántos necesitas usted para lograr la suya?

Tareas y disciplinas

Jesús entrenó a sus discípulos por medio de tareas y disciplinas. Las tareas fueron aquellas cosas que Jesús delegó a sus discípulos a llevar a cabo en beneficio de los demás. Las disciplinas fueron aquellas cosas que Jesús les enseñó para beneficio personal.

En Mateo 10:5-8, podemos ver cómo Jesús envía a los doce apóstoles con las siguientes instrucciones: *No vayan a los gentiles ni a los samaritanos, sino sólo al pueblo de Israel, las ovejas perdidas de Dios. Vayan y anúncienles que el reino de los cielo está cerca. Sanen a los enfermos, resuciten a los muertos, curen a los leprosos y expulsen a los demonios. ¡Den tan gratuitamente como han recibido!* Jesús encomendó a sus discípulos a que fueran a los de la casa de Israel y bendijeran a otros a través del servicio. Es importante observar que, al delegar estas tareas, Jesús, como buen maestro, ya las estaba desempeñando y modelando a sus discípulos. Fueron estas tareas las que

Jesús usó para enseñar a sus discípulos, la capacidad que había en cada uno de ellos.

Cuando sus discípulos participan de las mismas tareas que usted, esto despierta en ellos la capacidad de alcanzar lo que usted estás logrando. Es aquí donde sus discípulos pasan de un 30 por ciento de productividad a un 60 o un 100 por ciento. **Son estas tareas las que hacen que sus discípulos puedan descubrir talentos que antes no conocían.** Un ejemplo vivo dentro de los discípulos de Jesús es Pedro. Pedro, antes de ser escogido y discipulado por Jesús, era solamente un pescador. Él no conocía la capacidad que había en él para poder predicar el evangelio y ayudar a muchos. Pero cuando Jesús llegó a la vida de Pedro, éste lo discipuló para que predicara el evangelio a las multitudes y trajera a muchos al reino. Solamente le bastó a Pedro unas cuantas tareas asignadas por el Maestro para descubrir que él no solamente había nacido para ser pescador de peces sino también pescador de hombres.

Todo líder es llamado a descubrir en sus discípulos talentos escondidos para el beneficio de la visión y de su discípulo. Por eso los líderes deben incomodar a sus discípulos con tareas para poder sacar lo mejor que está dentro de cada uno de ellos. Siempre he creído que, para obtener un resultado diferente de sus discípulos, ellos deben hacer cosas distintas a lo que antes hacían.

Ya que hemos visto la importancia de discipular a través de las tareas, ahora miremos cuán importantes son las disciplinas diarias para sus discípulos. Las disciplinas personales son importantes para el crecimiento individual y espiritual de cada miembro del reino de Dios. Cuando hablo de disciplinas me refiero a disciplinas básicas como la oración y la lectura bíblica. Y aunque estas dos disciplinas deben ser habituales en las iglesias, te cuento que más de 50 por ciento de las personas con quien he trabajado no son disciplinadas en la oración ni en la lectura bíblica. Si un discípulo no es disciplinado en estas dos áreas, este no está listo para ejercer tareas junto a usted.

Para darle un ejemplo, miremos el modelo perfecto, que es Jesús. En Mateo 4, Jesús, antes de comenzar su ministerio, se apartó por cuarenta días en el desierto; estuvo en ayuno y oración para luego ir a las multitudes y servir a sus necesidades. Es muy interesante ver cómo Jesús se equipó en el desierto espiritualmente para luego confrontar los problemas de aquellos que estaban en necesidad. Si seguimos la trayectoria de la vida de Jesús podremos ver que Él se separaba para orar a Dios Padre y fortalecer su propia vida espiritual constantemente. Él, como líder, modeló a sus discípulos la importancia de la oración antes de ir a servir a otros y poder dar lo que por gracia había recibido en oración.

Existen otras disciplinas que usted puede imponer a sus discípulos para su crecimiento personal y espiritual (por ejemplo, reducir las horas de televisión, el uso de Internet, hacer más ejercicio o mantener una dieta). Si sus discípulos no están viviendo una vida balanceada y pasan más tiempo en cosas que no les benefician personal o espiritualmente, ellos necesitan ser disciplinados. Pero la realidad es que muchos líderes saben que ninguna disciplina es de agrado para sus discípulos en el momento de recibirla (Hebreos 12:11) y prefieren no ser señalados, odiados o aun ser llamados imprudentes por sus discípulos.

También existen otros puntos por los cuales muchas iglesias y líderes han abandonado la disciplina:

1. Por falta de carácter: Muchos líderes optan por no disciplinar porque entienden que la disciplina comienza por ellos. Un líder que demanda disciplina de sus discípulos pero no es ejemplo vivo es un líder sin credibilidad.

2. Por miedo: Muchas iglesias han dejado de disciplinar por miedo de perder popularidad y de quedar vacías.

3. Por no asumir responsabilidad: Es más fácil tener seguidores domingo y miércoles que trabajar con discípulos todos los días.

La grandeza de su ministerio no tiene que ver con las multitudes que le siguen sino con el carácter que desarrolló en otras personas. Si usted no tiene discípulos disciplinados bajo su liderazgo, nunca tendrá una verdadera multiplicación en su organización.

La multiplicación viene a través de la duplicación.

Cuando un líder ha invertido bien su tiempo y se ha duplicado en otros lideres, es esencial que este líder también enseñe a sus discípulos cómo duplicarse en otras personas. Es importante que estos discípulos impartan a otras personas todo lo que han aprendido y hagan con ellas lo que ha sido hecho por ellos. Es a través de la duplicación de un líder a otro que se crea la verdadera multiplicación.

Como mencioné en el capítulo anterior, la visión de un líder tiene poder para hacer que otros se acerquen y sean partícipes de la visión. **Pero la duplicación de los líderes es el músculo que se trabaja para el crecimiento de una visión.** Cuando una persona ejercita sus músculos, éstos crecen por el efecto del ejercicio. De la misma manera, cuando instruimos a los discípulos poco a poco comienza un crecimiento de multitudes alrededor de la visión.

La realidad de hoy es que las iglesias se han preocupado más en llenar los asientos que hacer discípulos. La iglesia se ha preocupado más en crecer en números (multiplicación) que en discipular hombres y mujeres decididos a cumplir los sueños de Dios y no sus propios deseos.

Reflexión del capítulo:

- La verdadera multiplicación viene por causa de la duplicación.
- La mejor manera de discipular a otra persona es estar cerca el uno del otro.
- Jesús enseña que, cuando estamos cerca y unidos, el trabajo es más liviano y la abundancia es mayor.
- Cuando los discípulos participan de las mismas tareas que usted, esto despierta en ellos la capacidad de alcanzar lo que usted está logrando.

- Todo líder es llamado a descubrir en sus discípulos talentos escondidos para el beneficio de la visión y del discípulo.
- La grandeza de su ministerio no tiene que ver con las multitudes que le siguen sino con el carácter que desarrolló en sus discípulos.

Portadores de la visión

Romanos 12:2
No imiten las conductas ni las costumbres de este
mundo, mas bien dejen que Dios los transforme en
personas nuevas al cambiarles la manera de pensar.
Entonces aprenderán a conocer la voluntad de Dios
para ustedes, la cual es buena, agradable y perfecta.

A finales de la década de 1940, Walt Disney tuvo una visión de un parque de diversiones donde sus empleados pudieran pasar tiempo con sus hijos. Luego de varios años de arduo trabajo y planificación, Walt Disney logró convertir esta visión en una realidad construyendo Disneyland en Anaheim, California. Disney, viendo el éxito que tuvo con Disneyland, decidió expandir su visión con la construcción de otro parque de diversiones en Orlando, Florida. Pero un cáncer pulmonar a la edad de 65 años le privó a Disney ver la realización de este otro parque de diversiones.

Después de la muerte de Walt Disney, Roy Disney, hermano de Walt, regresó de su retiro y continuó la visión de su hermano logrando abrir Walt Disney World en 1971. Tres meses después que Walt Disney World fue abierto al público, Roy Disney, de 78 años de edad, pasó a mejor vida. Actualmente Disney World es uno de los lugares más visitados en los Estados Unidos por turistas de todas partes del mundo.

La historia de Disney es muy interesante porque luego de la muerte de Walt y Roy la compañía ha mantenido la visión, abriendo otros parques en Tokio, Hong Kong, Paris y Shanghái para 2016. Como podemos ver la visión se ha multiplicado hacia otros lugares gracias a la fidelidad de los líderes de esta compañía a la visión. Esta historia es un ejemplo vivo de la importancia de la duplicación de una visión en otros líderes. Cuando un líder se convierte en portador de la visión, éste estará dispuesto a duplicarla y extenderla a las generaciones venideras.

Cuando un discípulo se convierte en un portador de visión

El proceso de la duplicación de una visión en un discípulo se puede comparar con el proceso por la cual pasa un agricultor para obtener sus cosechas. Para que a un agricultor se le pueda dar su cosecha, se necesitan dos elementos muy importantes: Primero una semilla, y segundo una tierra fértil. Si miramos esto del punto de vista de un portador de visión, el líder viene a ser el agricultor que siembra semilla (visión) en el discípulo y el discípulo es la tierra que recibe la visión para ser portador de ella. El propósito de esto es **que la semilla (visión) produzca vida dentro de su discípulo y revolucione la vida de éste por completo.**

La tierra representa un portador: Si la tierra no es trabajada no puede recibir una semilla.

Cuando un agricultor decide sembrar semillas para producir cosechas, éste primero trabaja la tierra y la prepara para asegurarse de que la tierra esté lista para recibir las semillas. Este proceso requiere que la tierra sea removida para poder saber qué fruto anteriormente producía esta tierra. Por eso el proceso de remover, arrancar y limpiar la tierra es muy importante para que la semilla sembrada tome su curso.

Cuando un líder comienza a trabajar con un discípulo, éste debe trabajar primero con los pensamientos de éste, que es la tierra donde la semilla (visión) va a ser sembrada. El líder tiene que profundizar en los pensamientos de su discípulo para poder descubrir qué está gobernando o que ha gobernado en esa tierra. Luego que el líder reconoce áreas donde su discípulo necesita ser trabajado, comienza el proceso de remover la tierra, sacando esos pensamientos que no están conforme a los pensamientos de Dios. La palabra es muy clara en Romanos 12:2 donde dice que debemos ser transformado por la renovación de nuestros pensamientos para que así cambiemos nuestra manera de vivir.

¿Qué pasaría si ponemos una semilla en una tierra no preparada? En Marcos 2:22 dice que *nadie echa vino nuevo en odres viejos. De hacerlo así, el vino hará reventar los odres y se arruinarán tanto el vino como los odres. Mas bien, el vino nuevo se echa en odres nuevos.* Consideremos que su discípulo es ese odre viejo que va a recibir este vino nuevo (semilla o visión) para que pueda producir el mejor vino. Obviamente su discípulo no va a poder entender la visión o recibir el vino nuevo porque su vida no ha sido transformada por las manos del Alfarero. Por eso es muy importante que la transformación de la vida del discípulo tome su curso y tiempo para que lo viejo quede atrás, conforme a lo que dice la Palabra en 2 Corintios 5:17 *Esto significa que todo el que pertenece a Cristo se ha convertido en una persona nueva. La vida antigua ha pasado, ¡una nueva vida ha comenzado!*

A aquellos que no entienden la importancia de poner vino nuevo en odres nuevos les digo lo siguiente: Cuando el vino nuevo comienza el proceso de fermentación, este comienza a expandirse dentro del odre nuevo. El odre nuevo tiene la característica de poder expandirse con el crecimiento del vino nuevo. Ahora, si echamos el vino nuevo en un odres viejo, que ya fue expandido una vez y deja de ser elástico, el odre reventará y el vino quedará arruinado (Marcos 2:22).

Consideremos el vino y el odre, la semilla y la tierra, para poder observar que Dios tiene un orden establecido para que las cosas funcionen correctamente. Dios no quiere que un discípulo pierda la esencia de la visión por falta de entendimiento y madurez. Cuando venga lo nuevo y fresco de parte del Señor, el discípulo debe estar preparado para recibir la visión, crecer y expandirse.

La semilla representa la visión: lo que sus discípulos pueden ver, podrán lograr.

Cuando un líder ya ha trabajado la tierra de su discípulo, el próximo paso es el proceso de sembrar la visión en él. El objetivo del líder en esta etapa es que sus discípulos puedan ver lo que el líder puede ver. Un ejemplo de esto es cuando Dios llama a Abraham en Génesis 12:1-2: *El SEÑOR le dice a Abraham: "Deja tu patria y a tus parientes y a la familia de tu padre, y vete a la tierra que **yo te mostraré**. Haré de ti una gran nación; te bendeciré y te haré famoso, y serás una bendición para otros".* Cuando Abraham fue llamado por Dios a salir de su patria y de la casa de su padre, Dios sabía que Abraham no iba a entender este llamado hasta que Él le mostrara el propósito de la visión. Dios en su absoluta sabiduría sabía que si Abraham podía ver lo que Él le estaba proponiendo, éste seguiría la visión hasta cumplirse.

Otra historia que ilustra lo importante que es sembrar la visión en los discípulos se encuentra en Génesis 30:25-41. Esta historia explica cómo Jacob se hizo muy rico con solamente sembrar la visión correcta en sus ovejas.

Poco tiempo después de que Raquel dio a luz a José, Jacob le dijo a Labán:

—Por favor, libérame para que regrese a mi hogar en mi propia tierra. Permíteme llevar a mis esposas y a mis hijos,

porque me los he ganado sirviéndote a ti, y déjame ir. Tú sabes con cuánto esfuerzo he trabajado para ti.

—Por favor, escúchame —respondió Labán—. Me he enriquecido, porque el SEÑOR me ha bendecido por causa de ti. Dime cuánto te debo. Sea lo que fuere, yo te lo pagaré.

—Tú sabes con cuánto esfuerzo he trabajado para ti —respondió Jacob—, y cómo tus rebaños y tus manadas han aumentado a mi cuidado. En verdad tenías muy poco antes de que yo llegara, pero tu riqueza aumentó enormemente. El SEÑOR te ha bendecido mediante todo lo que he hecho. ¿Pero y yo, qué? ¿Cuándo podré comenzar a mantener a mi propia familia?

— ¿Qué salario quieres que te pague? —volvió a preguntar Labán.

—No me des nada. Haz una sola cosa, y yo seguiré ocupándome de tus rebaños y cuidando de ellos. Déjame inspeccionar hoy tus rebaños y separar todas las ovejas y las cabras que estén manchadas o moteadas, junto con todas las ovejas negras. Dame ésas a modo de salario. En el futuro, cuando revises los animales que me hayas dado como salario, verás que he sido honesto contigo: si encuentras en mi rebaño alguna cabra que no esté manchada o moteada, o alguna oveja que no sea negra, sabrás que te la he robado.

—De acuerdo —respondió Labán—, será tal como has dicho.

Ese mismo día, Labán salió y sacó los chivos rayados y moteados, todas las cabras manchadas y moteadas o que tuvieran manchas blancas, y todas las ovejas negras. Puso los animales al cuidado de sus propios hijos, quienes se los llevaron a una distancia de tres días de camino del lugar donde estaba Jacob. Mientras tanto, Jacob se quedó y cuidó del resto del rebaño de Labán.

Luego Jacob tomó algunas ramas verdes de álamo, de almendro y de plátano oriental, y las peló quitándoles tiras de la corteza, de modo que quedaran con rayas blancas. Después puso esas ramas peladas en los bebederos donde los rebaños iban a tomar agua, porque era allí donde se apareaban; y cuando se apareaban frente a las ramas peladas con rayas blancas, tenían crías rayadas, manchadas y moteadas. Jacob separaba esos corderos del rebaño de Labán. En la época de celo, los ponía frente a los animales de Labán que fueran rayados o negros. Así es como él aumentaba su propio rebaño en lugar de incrementar el de Labán.

Cada vez que las hembras más fuertes estaban listas para aparearse, Jacob ponía las ramas peladas en los bebederos frente a ellas. Entonces se apareaban frente a las ramas; pero no lo hacía con las hembras más débiles, de modo que los animales más débiles pertenecían a Labán y los más fuertes, a Jacob. Como resultado, Jacob se hizo muy rico, con grandes rebaños de ovejas y cabras, siervas y siervos, y muchos camellos y burros.

La estrategia de Jacob de usar unas ramas peladas con rayas para producir ovejas de la misma manera es absurdo para el hombre e ilógico para la ciencia. Pero cuando miramos esta estrategia por el lente espiritual de Dios, podemos decir que es brillante, poderosa y lógica para aquellos que viven conforme al espíritu.

Jacob sabía que las especies en el mundo natural se reproducen según su género. Él también sabía que la única manera de cambiar las probabilidades de reproducir ovejas con rayas, manchadas y moteadas era afectando el mundo natural con una visión sobrenatural. Por eso Jacob tomo estas ramas rayadas para sembrar la semilla en forma de visión en sus ovejas. Al hacer esto, la visión sobrenatural comenzó a afectar lo resultado de los frutos de sus ovejas en el mundo natural.

Cuando un líder siembra la visión en sus discípulos, ellos automáticamente comienzan a cambiar su manera de ver las cosas. Romanos 12:2 dice que la transformación en las personas comienza con su manera de pensar. **Cuando los pensamientos son transformados por una visión, la vida de sus discípulos también será transformada**. Será la visión el norte en la vida de sus discípulos, ayudándolos a saber hacia dónde se dirigen sin que nada los desvíe de su camino.

El fruto representa el legado: la duplicación del líder en sus discípulos trascenderá las generaciones.

Un líder se debe duplicar en su discípulo para que éste dé frutos. Es el fruto que lleva dentro de sí misma la semilla (visión) que será sembrada a las generaciones venideras, creando un legado transcendental.

Cuando su visión comienza a dar frutos a través de sus discípulos entonces se verá cumplido la palabra escrita en Deuteronomio 28:8-13 *El Señor bendecirá tus graneros, y todo el trabajo de tus manos. El Señor tu Dios te bendecirá en la tierra que te ha dado. El Señor te establecerá como su pueblo santo, conforme a su juramento, si cumples sus mandamientos y andas en sus caminos. Todas las naciones de la tierra te respetarán al reconocerte como el pueblo del Señor. El Señor te concederá abundancia de bienes: multiplicará tus hijos, tu ganado y tus cosechas en la tierra que a tus antepasados juró que te daría. El Señor abrirá los cielos, su generoso tesoro, para derramar a su debido tiempo la lluvia sobre la tierra, y para bendecir todo el trabajo de tus manos. Tú les prestarás a muchas naciones, pero no tomards prestado de nadie. El Señor te pondrá a la cabeza, nunca en la cola. Siempre estarás en la cima, nunca en el fondo, con tal de que prestes atención a los mandamientos del Señor tu Dios que hoy te mando, y los obedezcas con cuidado.*

El esfuerzo de sus manos bendecirá su vida y la vida de aquellos que lo rodean porque ha cumplido con el mandamiento de Jesucristo dado primero a los discípulos y luego a todos nosotros. *"Vayan, pues, a las gentes de todas las naciones, y háganlas mis discípulos"* (Mateo 28:19). Dios quiere que nosotros cumplamos su visión en la tierra haciendo discípulos para el reino de Dios y no para el beneficio del ministerio.

Una tierra + una semilla = un fruto
Un portador + una visión = legado
Un discípulo + un líder = duplicación

Herederos de la visión

En la historia de la compañía Disney**,** podemos ver la importancia de quién o quiénes heredan la visión. Luego de la muerte de los fundadores de esta compañía, ninguno de los líderes que han continuado con la visión de Disney ha sido un miembro de la familia Disney. Este punto es muy importante de entender. Muchas veces, después de la muerte de los fundadores de la visión, sus familiares piensan porque son parientes del líder deben ser ellos los escogidos para heredar el liderazgo. Este error se ve mucho dentro de las iglesias donde pastores fundadores piensan que son sus hijos carnales los que deben heredar su puesto cuando ellos ya no estén.

Este problema viene cuando el líder no se ha duplicado correctamente, creando un conflicto de intereses dentro de la visión y propósito de Dios. Cuando un líder se ha duplicado no solamente en sus hijos carnales, pero también en otras personas, Dios le mostrará al líder quién o quiénes serán los que se encargarán de la visión. Un ejemplo de esto es que Dios escogió a Josué como el que continuaría la visión de Dios y no a los hijos de Moisés ni de Aarón (Números 27:12-23). También lo podemos ver en la historia del profeta Samuel, pues Dios escogió a Samuel y no a los hijos del sumo sacerdote Elí (1 Samuel 2:12-26).

La Palabra es muy clara en Daniel 2:21, donde dice que es Dios quien quita reyes y pone reyes. Dios no escogió a Jonatán, hijo de Saúl, para gobernar después de su padre, sino que escogió a David, un simple pastor de ovejas. Dios es el que conoce el corazón del hombre y sus intenciones. **Por eso los líderes deben dejar que Dios seleccione a los futuros líderes de la visión porque Él mismo pesará todos los corazones y escogerá al líder conforme al corazón de la visión.**

Para que un hijo o un familiar terrenal del líder hereden la posición de liderazgo dependerá del corazón de ellos. Existen organizaciones en las que han sido los hijos quienes han llevado la visión a un nuevo nivel. El pastor Joel Osteen es un ejemplo. Fue el padre de Joel quien fundó la iglesia Lakewood Church en Texas, pero ha sido Joel quien ha podido expandir la visión a otro nivel. Dios sabía que Joel no solamente podía seguir la visión dada a su padre, sino que éste la expandiría a nuevos horizontes nunca imaginados.

Reflexión del capítulo:

- La visión produce vida dentro de su discípulo y revoluciona la vida de este por completo.
- La tierra representa un portador: si la tierra no es trabajada no puede recibir una semilla.
- La semilla representa la visión: lo que sus discípulos pueden ver, ellos lo podrán lograr.
- Cuando los pensamientos son transformados por una visión, la vida de sus discípulos también serán transformadas.
- El fruto representa el legado: la duplicación del líder en sus discípulos trascenderá las generaciones.
- Los líderes deben dejar que Dios seleccione a los futuros líderes de la visión porque Él mismo pesará todos los corazones y escogerá al líder conforme al corazón de la visión.

El miedo a la duplicación

Juan 3:30
Es necesario que él crezca, y que yo disminuya.

En el Nuevo Testamento, el profeta Juan el Bautista era una de las personas con más influencia en Israel antes de la manifestación del Mesías. Juan, aunque respetado por todo el mundo y teniendo una fama irrevocable, siempre dejó en claro que su trabajo era de anunciar la venida del Mesías. El profeta Juan siempre entendió que la fama y la influencia que él tenía no eran para beneficio propio, sino para el beneficio de la visión y el propósito de Jesús aquí en la tierra. Cuando Jesús comenzó su ministerio Juan entendió que aunque él estaba en todo su apogeo era necesario que el disminuyera como profeta y dejara que Jesús tomara la posición que a él le correspondía. La humildad de Juan nos enseña que **si conocemos bien el propósito por el cual fuimos**

enviados a esta tierra, entonces no debemos estar preocupados o estar celosos cuando otros crezcan y sean mayores que nosotros.

Pero la realidad dentro de las iglesias y ministerios es distinta. El pueblo de Dios está muy dividido por causa de hombres que se han empeñado en ser el centro de atención en vez de enfocarse en extender el reino de Dios. Por eso se les hace muy difícil entender la importancia de hacer discípulos para Dios porque tienen miedo de perder control y popularidad dentro de sus iglesias y ministerios. Es la egolatría en los líderes que ha destruido **el verdadero discipulado, que es basado en llamar a otros líderes, formarlos para el reino de Dios y luego enviarlos para que hagan cosas mayores que su maestro** (Juan 14:12-13).

Egolatría

La egolatría en un líder se puede ver cuando este piensa que él es el único escogido para dirigir una iglesia o un ministerio y que los demás no tienen la misma capacidad que él. Una de las características de un líder egocentrista es que constantemente les recuerda a todos su llamado y muestra una necesidad de atención absoluta. Siempre tiene la última palabra en todo y constantemente está contando las grandezas del trabajo de sus manos. Casi nunca reconoce sus errores y no confía en nadie. Siempre está velando por el beneficio propio; usa el ministerio como excusa, diciendo que lo que esta haciendo es para el Señor. Cuando la motivación del ministro es de engrandecerse para que otros lo vean y lo reconozcan, ha caído en la egolatría. El líder ególatra es inseguro e inmaduro.

Si tomamos a Jesús como ejemplo, podemos ver que él como líder siempre tomó la posición de humildad y no de arrogancia. Los Evangelios nos demuestran que cuando Jesús sanaba a los enfermos, les pedía que no le dijeran a nadie lo que había ocurrido. Esta posición de humildad viene acompañado de una palabra declarada por Él mismo: *Cuando le des a alguien que pasa necesidad, no hagas lo que hacen los hipócritas que tocan la trompeta en las sinagogas y en las calles para llamar la atención a sus actos de caridad. Les digo la verdad, no recibirán otra recompensa más que ésa. Pero tú, cuando le des a alguien que pasa necesidad, que no sepa tu mano izquierda lo que hace tu derecha. Entrega tu ayuda en privado, y tu Padre, quien todo lo ve, te recompensará* (Mateo 6:2-4). En cambio, si usted es uno de esos líderes o ministros que se pasan propagando todo el tiempo todo lo que hacen, jactándose de sus obras y aun de lo que Dios está haciendo en su vida, le pregunto: ¿Cómo glorifica esto a Dios?

Cuando uno asume la posición de humildad como Jesús lo hizo, entonces serán otros los que digan por nosotros lo que Dios está haciendo en nuestras vidas. Es aquí donde predicamos el evangelio no por lo que decimos, sino por el testimonio de nuestra vida. En otras palabras, deje que su vida predique lo que su propio ego desea mencionar (Proverbios 27:2).

Otro problema que representa la egolatría al verdadero discipulado es que el ególatra no desea descubrir el potencial de otro líder porque puede representar una amenaza al ministro. La inseguridad que acompaña la egolatría hace que muchos ministros no se dupliquen en otros, porque piensan que su discípulo le puede robar la posición que tienen. Prefieren detener el propósito de Dios en la tierra asumiendo una posición de guerra contra otros, como lo hizo el rey Saúl con David.

Cuando Saúl era atormentado por un espíritu maligno mandó a llamar a David para que le sirviera. Muchos hemos pensado que David fue solamente a calmar al rey Saúl con su arpa, pero la realidad era que Dios quería que David estuviera cerca del rey para que aprendiera cómo se debe ser rey. Dios no solamente hizo que David llegara a la casa del rey sino que también lo puso en gracia con él. Dice la palabra en 1ra. de Samuel 16, que Saúl amo tanto a David que lo hizo su escudero personal. La posición de escudero es una posición de mucha confianza y respeto; el escudero debe estar todo el tiempo cerca del rey para protegerlo hasta la muerte. Cuando David asumió esta posición, nadie sabía el potencial que existía en él como guerrero. Este potencial hizo que David derrotara enemigo tras enemigo del rey. Se hizo cada vez más popular con el pueblo, opacando la posición de Saúl.

Saúl, consumido por su egolatría, dejó que su inseguridad tomara control de su vida y se lanzó en contra de aquel que le servía de todo corazón. Los celos y la envidia cegaron a Saúl de tal manera que buscaba a David para matarlo sin tomar en cuenta que se había levantado en contra de Dios por causa del llamado de David. Y aunque a David nunca le pasó nada por causa del llamado de Dios en su vida, no podemos decir lo mismo con la historia de Caín y Abel. Caín, lleno de celos y envidias, mató a su hermano Abel porque no podía entender cómo la ofrenda de su hermano le había agradado más a Dios que la de él.

Hoy en día vemos en las iglesias y ministerios cómo este espíritu de Saúl quiere acabar con el potencial de muchos futuros líderes y ministros. Mientras toda la atención esté sobre los líderes ególatras, no tienen ningún problema con sus discípulos, así como Saúl amó a David en un principio. Pero cuando los que sirven al líder comienzan a crecer y su potencial comienza a ser mayor que la del líder, si el líder no tiene entendimiento de la importancia del discipulado y la visión de Dios, puede caer en lo que conocemos como celos ministeriales.

El verdadero discipulado se trata de preparar a otros para que el legado de Dios continúe a través de las generaciones. Un líder que está discipulando líderes para Cristo tiene la obligación de explotar el potencial del discípulo para la gloria de Dios. Es responsabilidad de cada líder en las iglesias y ministerios de activar la semilla puesta por Dios desde la eternidad a través del discipulado. Será el discipulado lo que le llevará a entrar en una relación con su discípulo, y esta compenetración espiritual hará que la semilla sea impactada por la visión de Dios dando frutos al ciento por uno. Dios ha llamado a sus líderes y ministros a despertar lo que duerme dentro de sus discípulos, como lo hizo Jesús con los doce apóstoles.

Miedo de perder gente

Otro problema que existe en los líderes de iglesias y ministerios es de perder gente por causa del llamado en otros dentro de sus organizaciones. Este miedo ha llevado a muchos ministros a aferrarse al control haciendo discípulos para sí mismos en vez de discípulos para Cristo. Esta manera de discipular va totalmente en contra de la visión de Dios dada primero a los apóstoles y luego a todos los líderes ministeriales: vayan y prediquen el evangelio a todas las naciones y **hagan discípulos para el reino de Dios** (Mateo 28:18-20). Jesucristo nunca les dijo a los apóstoles que hagan discípulos para sus ministerios o iglesias, sino que hicieran discípulos para Él.

La falta de madurez de muchos ministros ha hecho de la verdadera comisión de Dios una egolatría ministerial. Cuando un líder es inmaduro e inseguro de sí mismo, automáticamente el miedo se apodera de él o ella y comienza a operar en desconfianza con todos. Esta desconfianza comienza a trasmitir una visión distorsionada al líder haciéndolos creer que sus discípulos los van a traicionar dividiéndole la iglesia o el ministerio. Por eso vemos muchos líderes a quienes les cuesta dejar ir sus discípulos porque desde el principio se dedicaron a hacerlos suyos y no para el reino de Dios. En cambio, cuando un líder entiende que ha sido llamado a hacer discípulos para el reino de Dios, no le afecta en ninguna manera cuando un discípulo madura y sale a seguir su propio llamado. Dios nos ha llamado a tener hijos espirituales que cumplan el propósito de Dios aunque no sean parte de nuestros ministerios. **No se trata de usted**

ni de su ministerio, sino de la expansión del reino de Dios por medio de discípulos de Cristo.

El miedo al discipulado = llamar + adoctrinar + retener
El verdadero discipulado = llamar + transformar + enviar

El control manipulador

El último problema que voy a mencionar con el líder ególatra es el control manipulador. Cuando un ministro comienza a actuar como líder dentro de su iglesia o ministerio, una de las mayores responsabilidades que tiene es de mantener orden para el beneficio de todos. Pero existe una gran diferencia entre el orden y el control manipulador. Muchas veces los líderes piensan que están poniendo orden dentro de sus ministerios sin darse cuenta de que están ejerciendo el control manipulador.

El líder que tiene problemas con un control manipulador tiende a ser una persona legalista. Muchas veces exige que las cosas se lleven a cabo según sus estatutos y procedimiento, así como los fariseos de la Biblia. Los fariseos, consumidos por la ley de Moisés, vivían constantemente dentro de un control excesivo para poder manipular al pueblo a su favor, ignorando la justicia de Dios.

El mayor problema que representa el control manipulador en los líderes es que no les permite orar a Dios por el propósito de las ovejas que tienen a su cargo. Como sus pensamientos están programados para retener y controlar, no les importa saber si Dios llamó a algunos de ellos a seguir otro propósito después de haber sido discipulados. Si alguna de estas personas se siente llamado por Dios a moverse a un próximo nivel y requiera salir de la iglesia o ministerio en que están actualmente, automáticamente el líder con problemas de control comenzará a manipular por medio de la condenación para cambiarle el parecer. También usan la manipulación emocional, diciendo que después de que les han sembrado tanto a este otro líder ahora los abandona. Si usted como líder ha tomado esta posición de control manipulador dentro del reino de Dios, quiero decirle que es una persona que opera en espíritu faraónico, jezabélico y farisaico.

Hurtar (Faraón – robar la abundancia de Dios)
Matar (Jezabel – terminar con los ministros de Dios)
Destruir (Fariseo – desechar el legado de Dios)
Juan 10:10: El ladrón no viene sino
para hurtar, matar y destruir.

En cambio, el ministro de orden será como Jesús, que siempre estaba buscando la manera de ayudar a otros sin beneficiarse a sí mismo. **Un ministro o líder de orden siempre operará en misericordia, amor, perdón y servicio a los demás sin esperar nada a cambio.** Éste siembra su vida en la vida de los demás, no para crear dependencia, sino para mostrar a sus discípulos cómo deben depender de Dios en todo tiempo.

Un líder de orden siempre busca la manera de hacer lo correcto delante de Dios y los hombres. No se siente que está por encima de otros o de las leyes establecidas, sino que sabe sujetarse a ellas. El apóstol Pablo nos enseña en Romanos 13:1-3 que *todos deben someterse a las autoridades públicas, pues no hay autoridad que Dios no haya dispuesto, así que las que existen fueron establecidas por él. Por lo tanto, todo el que se opone a la autoridad se rebela contra lo que Dios ha instituido. Los que así proceden recibirán castigo. Porque los gobernantes no están para infundir terror a los que hacen lo bueno sino a los que hacen lo malo.* Jesús, nuestro mejor ejemplo, nos mostró cómo actuar en orden cuando le preguntaron si era lícito dar tributo a César. Jesús, entendiendo que debemos sujetarnos a toda autoridad, respondió diciendo: "Dar lo que es de César a César y a Dios lo que es de Dios." Si la ley de los hombres le exige seguir un orden o una norma aunque usted no esté de acuerdo, es mejor obedecer para no dañar el testimonio de Cristo y evitar comportarse como los rebeldes.

Un verdadero líder sabe que el propósito de Dios en nuestra vida es hacer discípulos para el reino de Dios. No se trata solamente de llamar a los perdidos para que se arrepientan de su pecado y alcancen salvación. Al llegar al reino de Dios, éstos comienzan un proceso de transformación, con la ayuda de su líder, con el fin de cambiar su manera de pensar y así su manera de vivir. Haga con ellos como Jesús hizo con sus discípulos y luego enséñeles que ellos son llamados a ayudar a otros por medio del discipulado.

Reflexión del capítulo:

- Si conocemos bien el propósito por el cual fuimos enviados a esta tierra, entonces no debemos estar preocupados o celosos cuando otros crezcan y sean mayores que nosotros.

- El verdadero discipulado es basado en llamar a otros líderes, formarlos para el reino de Dios y luego enviarlos para que hagan cosas mayores que su maestro.
- El verdadero discipulado se trata de preparar a otros para que el legado de Dios continúe a través de las generaciones.
- La falta de madurez de muchos ministros ha hecho de la verdadera comisión de Dios una egolatría ministerial.
- Un ministro o líder de orden siempre les servirá en misericordia, amor y perdón a los demás sin esperar nada a cambio.

Autoridad delegada

2 Reyes 2:9
¿Qué quieres que haga por ti antes de que me
separen de tu lado? —Te pido que sea yo el
heredero de tu espíritu por partida doble

Había una vez un joven pastor que pastoreaba una iglesia de muchos miembros donde el cual iba en un acenso muy acelerado. Este joven no solamente era conocido en su cuidad, sino también alrededor del país donde vivía. Era un pastor muy dinámico con una palabra trasformadora, la unción de Dios se movía en él y la gente era impactada por el poder de Dios. Un día, en unos de sus viajes a otro lugar este joven pastor de la noche a la mañana muere y la noticia comienza a regarse por todo el pueblo de Dios. Todos escuchamos las noticias y el pueblo de Dios sufrió mucho por la partida tan de repente de este joven pastor.

Cuando este pastor muere aunque era muy buen predicador, su muerte creó un problema muy grande en su iglesia. Este pastor dispuso la gran mayoría de su tiempo en predicar la palabra de Dios a muchos tanto dentro y fuera de su iglesia, se olvido de la importancia de la duplicación de un líder. La partida tan de repente de este joven pastor y la falta de duplicación complico la situación aun más porque nadie sabía quién iba hacer el próximo pastor de este ministerio tan poderoso.

En muchas ocasiones muchos ministros especialmente estos que son jóvenes piensan que porque son jóvenes la muerte no puede tocar sus puertas a tan corta edad. Piensan que porque tienen una visión de Dios y solamente están comenzando, Dios les va a dar muchos años de vida. La realidad es que todos sabemos el día y la hora que nacemos pero nadie sabe la hora y el día que Dios decida llamarnos a su presencia. Por eso **es importante la duplicación de líderes para que vivamos todos los días como si fuera el último y así poder dejar el legado de Dios a las generaciones venideras.**

Preparando su Salida

Cuando miramos esta historia de este joven pastor podemos ver cuán importante es de un líder preparar su salida. La Biblia misma nos enseña la importancia de preparar nuestra salida a través de la historia de los profetas Elías y Eliseo. Durante la época del profeta Elías, los profetas servían como guía para el pueblo ya que la manifestación del Espíritu Santo no se había cumplido. Estos hombres hablaron de parte del corazón de Dios para dirigir al pueblo a toda justicia divina como jueces establecidos por EL. Un día el profeta Elías, sufrió lo que conocemos como una depresión por causa que Jezabel lo buscaba para matarlo. Dios viendo la condición del profeta Elías y sabiendo la responsabilidad que él tenia como profeta delante pueblo, Dios se le pareció en Horeb y le dijo *Regresa por el mismo camino que viniste y sigue hasta el desierto de Damasco. Cuando llegues allí, unge a Hazael para que sea rey de Aram. Después unge a Jehú, nieto de Nimsi, para que sea rey de Israel; y unge a Eliseo, hijo de Safat, de la tierra de Abel-mehola, para que tome tu lugar como mi profeta. ¡A cualquiera que escape de Hazael, Jehú lo matará; y a los que escapen de Jehú, Eliseo los matará! Sin embargo, preservaré a otros siete mil en Israel, ¡quienes nunca se han inclinado ante Baal ni lo han besado! (1 de Reyes 19: 15-18)*

La instrucción de Dios hacia el profeta Elías de ungir a Eliseo como el profeta que lo iba reemplazar y tomar su lugar, nos demuestra lo importante de no dejar espacios vacíos dentro del pueblo. Como te mencione anteriormente los profetas eran llamados para guiar al pueblo de Dios y Dios, conociendo esta responsabilidad decidió preparar la salida de Elías a través del profeta Eliseo.

Después que Elías ungió a Eliseo como profeta, Dios no se llevó a Elías rápidamente, sino que permitió un tiempo de preparación para el profeta Eliseo. Dice la palabra que el profeta Eliseo quedó al servicio de Elías y éste lo seguía a todo lugar que él fuera. El estar cerca del profeta Elías enseñó a Eliseo como un profeta debía comportarse y la responsabilidad que este tenía como escogido de Dios. Cuando llegó el momento de Elías ser traspuesto por un torbellino, Elías le dijo a su discípulo Eliseo que se quedara pero éste no quiso. El profeta Eliseo sabía que el tiempo de su maestro había llegado pero no quería dejarlo ir hasta que le impartiera una doble porción de su espíritu.

Doble Porción

Es muy curioso observar que luego que Eliseo ve a su mentor partir en un torbellino lo primero que hace es probar si la doble porción del espíritu de Elías había venido sobre él. El profeta Eliseo tomó la capa de Elías y se paró frente al mismo río que su mentor se había parado y había partido las aguas en dos. Dice en 2 de Reyes 2:14 al 15, *Apenas había golpeado el agua, cuando ésta se hizo a uno y otro lado, y Eliseo volvió a cruzar el río. Los profetas de Jericó, que estaban enfrente, dijeron al verlo: « ¡El espíritu de Elías reposa ahora en Eliseo!»*

Cuando la Biblia hace referencia al espíritu de Elías ésta se refiere al Espíritu Santo de Dios. Era el Espíritu Santo que se depositaba en Elías y éste podía hacer grandes cosas de parte de Dios. Cuando Eliseo le pidió doble porción a Elías, este quería asegurarse que el iba a poder hacer las misma o aun mayores cosas que su maestro hizo de parte de Dios.

Este evento entre Elías y Eliseo es un momento profético donde marca la impartición de autoridad sobre el discípulo. También este evento coincide con lo que esta escrito en Juan 14:11-13 donde dice: *Créanme cuando les digo que yo estoy en el Padre y que el*

Padre está en mí; o al menos créanme por las obras mismas. **Ciertamente les aseguro que el que cree en mí las obras que yo hago también él las hará, y aun las hará mayores, porque yo vuelvo al Padre.** *Cualquier cosa que ustedes pidan en mi nombre, yo la haré; así será glorificado el Padre en el Hijo.*

Es a través de esta enseñanza que Jesús les hizo entender a sus discípulos que cuando él fuera transpuesto de la misma manera que le sucedió Elías, los discípulos iban a recibir el Espíritu Santo lo cual les daría poder para hacer las mismas y aun mayores cosas que su Maestro. Jesús sanó una mujer con flujo de sangre con sólo ella tocar el borde de su manto, pero Pedro, sanaba a los enfermos con el pasar de su sombra. Esto es una clara manifestación del poder recibido por los discípulos a través de Jesús.

Cuando usted como líder impartes autoridad sobre la vida de sus discípulos, éstos son llamados hacer cosas aun mayores que usted. Es necesario que sus discípulos alcancen cosas mayores para que el Reino de Dios se mueva de gloria en gloria. El mover de la gloria de Dios hará que sus discípulos hagan lo mismo con otros para que el legado de Dios transcienda por las generaciones venideras.

DOBLE PORCION

Elías + Eliseo = Autoridad Delegada
Jesús + Discípulos = Autoridad Delegada
Autoridad = Poder Delegado

Esterilidad del Poder de Dios

La falta de duplicación en el Reino ha creado una esterilidad espiritual en las iglesias las cuales el poder de Dios no es manifestado. El poder de Dios en un lugar no tiene que ver con la cantidad de personas que se congregan o cúan grande es el edificio, sino que tiene que ver con cuatro manifestaciones esenciales tales como:

Mateo 10:7-8
Sanar enfermos
Resucitar muertos
Limpiar a los leprosos
Echar fuera demonios

Estas cuatro manifestaciones revelan el poder de Dios en una iglesia o ministerio las cuales vienen a través de la autoridad delegada del líder a sus discípulos. **Si el líder solamente está manifestando este poder pero los demás que le rodean no, entonces cuando el líder no éste en medio del lugar que ocupa, vendrá esterilidad al cuerpo.** Es muy importante que estas manifestaciones no solamente las manifieste el líder sino que también sus discípulos. Mateo capítulo diez nos enseña que Jesús delegó autoridad sobre sus discípulos para que fueran y sirvieran al pueblo de Israel en estas necesidades. La idea de Jesús en duplicarse en sus discípulos y delegarle autoridad fue para que se enfocaran en el servicio a los demás y no a las necesidades personales.

Pero la realidad de la iglesia en general de hoy en día es que nos hemos olvidado que a parte de darle de comida al necesitado y abrigar al que tiene frío, existen unas necesidades espirituales las cuales se trabajan a través del poder de Dios. Un doctor no sanará una enfermedad terminal en una persona, ni la ciencia médica más avanzada podrá levantar a una persona después de muerta. Solamente sucederá esto cuando el poder de Dios se manifieste no solamente en el líder sino que también en el resto del cuerpo de Cristo.

Quiero que sepa que **usted tiene el poder de Dios a través del Espíritu Santo pero, sino conoce y no ha sido instruido en como usarlo por su líderes entonces somos un cuerpo estéril.** Una vez una joven se me acercó porque le habían diagnosticado un tumor maligno en el cerebro y los doctores no sabían que hacer. Al escuchar su problema le pregunte, ¿tú quieres que ore por ti? Y ella me dijo que si. Yo hasta ese momento de mi vida nunca había manifestado el don de sanidad pero, sí me habían enseñando que el don sanidad le pertenece a todos por medio de Cristo y los que son de Cristo el Espíritu Santo habita en ellos. Dos semanas más tarde me encontré con esta joven y ella me indico que el tumor había desaparecido y que estaba totalmente sana.

Cristo nos dio poder a través del Espíritu Santo para hacer todos estos milagros y prodigios, pero la falta de conocimiento y discipulado ha hecho de la iglesia en general una iglesia mediocre. La iglesia se ha enfocado más en hablar de los cinco o seis pasos de la prosperidad para levantar fondos para sus ministerios, en vez de educar al pueblo y delegarle autoridad a través del discipulado.

La Desconfianza

Cuando un líder delega autoridad sobre sus discípulos esto demuestra confianza del líder hacia sus discípulos. Jesús, aún sabiendo que uno de los discípulos lo iba traicionar y el otro lo iba a negar, les demostró confianza dándoles poder para servir al pueblo. Jesús fue llamado por Dios a dar por gracias lo que por gracias había recibido. Usted como líder tiene las mismas responsabilidades que Jesús de discipular gente para el reino sembrando la verdad del evangelio. Si luego sus discípulos no ponen en practica lo aprendido correctamente, Dios será quien los juzgue y las consecuencias serán de cada quien según sus obras.

La desconfianza de un líder en sus discípulos es como un anticonceptivo para la expansión de reino de Dios. A muchos líderes no les gusta otorgar autoridad por miedo a que sus discípulos abandonen el lugar o que opaquen la autoridad de su líder. Dios no nos ha llamado como líderes para hacer discípulos para nosotros mismos, ni tampoco a retener a los hijos de Dios para que no se vayan del lugar. Dios quiere que formemos líderes para EL y éstos sean enviados a predicar, enseñar y a servir a las naciones que esperan por una verdad inconmovible.

Reflexión del capítulo:

- Es importante la duplicación de líderes para que vivamos todos los días como si fuera el último y así poder dejar el legado de Dios a las generaciones venideras.

- Ciertamente les aseguro que el que cree en mí las obras que yo hago también él las hará, y aun las hará mayores, porque yo vuelvo al Padre. Juan 14:12
- Cuando usted como líder impartes autoridad sobre la vida de sus discípulos, estos son llamados hacer cosas aun mayores que usted.
- La falta de duplicación en el Reino ha creado una esterilidad espiritual en las iglesias las cuales el poder de Dios no es manifestado
- Si el líder solamente esta manifestando este poder pero lo que le rodean no, entonces cuando el líder no éste en el lugar que ocupa, vendrá esterilidad al cuerpo.
- Usted tiene el poder de Dios a través del Espíritu Santo, pero si no conoce y no ha sido instruido en como usarlo por sus líderes entonces somos un cuerpo estéril.
- La desconfianza de un líder en sus discípulos es como un anticonceptivo para la expansión de reino de Dios.

Para ser buenos líderes tenemos que ser excelentes servidores

Mateo 20:25-28
Así que Jesús los reunió a todos y les dijo: «Ustedes
saben que los gobernantes de este mundo tratan a
su pueblo con prepotencia y los funcionarios hacen
alarde de su autoridad frente a los súbditos. Pero
entre ustedes será diferente. El que quiera ser líder
entre ustedes deberá ser sirviente, y el que quiera
ser el primero entre ustedes deberá convertirse
en esclavo. Pues ni aun el Hijo del Hombre vino
para que le sirvan, sino para servir a otros y
para dar su vida en rescate para muchos.

La vida de un ministro debe ser una de servicio en todo momento, de excelencia y humildad. Jesús siendo nuestro mejor ejemplo, no solamente les enseñó a sus discípulos a través de parábolas y predicaciones. Sino que también puso su vida por servicio a los demás demostrándoles a los apóstoles la verdadera vida de un ministro de Dios. Jesús sabiendo que todo lo que ÉL hacia en servicio era un mensaje para sus discípulos, dejó muy claro el refrán que dice, las acciones de una persona hablan más que mil palabras.

Cuando un líder está discipulando debe entender que más que las palabras de enseñanza, su estilo de vida dará testimonio del Reino de Dios. **Una cosa es decir con nuestra boca y proclamar el evangelio, que poner por práctica lo que predicamos.** Siempre he creído que lo que hablamos y hacemos debe ir de la mano con nuestras vidas en todo tiempo.

El problema de la iglesia de hoy en día es que nosotros como líderes hemos sido pésimos ejemplos para el pueblo de Dios. **Y aunque debemos enseñar a nuestros discípulos a no poner la mirada en nosotros, sino en Cristo, esto no quita la responsabilidad de ser figuras públicas donde una gran nube de testigos constantemente nos mira como ejemplo de lo Alto.**

Para que un líder pueda ser un buen ejemplo a sus discípulos, este debe entender las tres diferentes posiciones de servicios que ocupa en el Reino. Cada una de ellas contienen diferentes responsabilidades pero el fin es el mismo "SERVIR".

Posición numero uno:

SER CABEZA

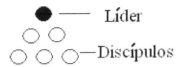

¿Que significa ser cabeza? Ser cabeza de una iglesia o ministerio significa ser administrador de lo que Dios ha puesto en sus manos. Si has pensado que lo que estoy hablando es de finanzas o el ministerio, quiero decirte que estas equivocado. **Deseo que entiendas que lo que Dios a puesto en sus manos como líder ha sido un pueblo para que le sirva y lo prepare para gobernar juntamente contigo.** Usted como cabeza tienes las siguientes responsabilidades:

1. Cubrir a sus discípulos en oración e intersección

2. Ser guía espiritual enseñándoles entre el bien y mal

3. Corregir a sus discípulos como un padre corrige a sus hijos

4. Manifestar el fruto del Espíritu hacia sus discípulos los cuales son amor, alegría, paz, paciencia, gentileza, bondad, fidelidad, humildad y control propio

Esta posición de ser cabeza es una posición de guerra en el mundo espiritual donde usted como líder cuida de sus discípulos de las asechanzas del enemigo. Es poner su vida como un puente a través del cual sus discípulos caminaran sobre usted para cruzar a la tierra prometida.

Posición numero dos:

EL CORAZON DE UN SERVIDOR

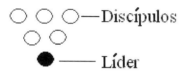

En esta ilustración podemos ver claramente lo que dice Filipenses 2:3-8: *No sean egoístas; no traten de impresionar a nadie. Sean humildes, es decir, considerando a los demás como mejores que ustedes. No se ocupen sólo de sus propios intereses, sino también procuren interesarse en los demás. Tengan la misma actitud que tuvo Cristo Jesús. Aunque era Dios, no consideró que el ser igual a Dios fuera algo a lo cual aferrarse. En cambio, renunció a sus privilegios divinos; adoptó la humilde posición de un esclavo y nació como un ser humano. Cuando apareció en forma de hombre, se humilló a sí mismo en obediencia a Dios y murió en una cruz como morían los criminales.*

Un líder nunca debe sentirse superior a sus discípulos. Al contrario, éste debe servirles a ellos como si ellos fueran la cabeza del lugar. Jesús sirvió a sus discípulos de tal manera que les lavó los pies en señal de lo que haría en la cruz por sus pecado a través de su sangre poderosa. El corazón del un líder servidor tiene las siguientes responsabilidades y características de servicio tales como:

1. Suplir alimento al que tiene hambre

2. Ser hospitalario

3. Cubrir con ropa al que está desnudo

4. Visitar a los enfermos

5. Visitar a los que están en cárceles

En Mateo 25:34-40 habla de estos cinco puntos que te acabo de mencionar. Pero lo más importante es que entiendas el versículo cuarenta, donde está la clave de la importancia de una vida en servicio. *Y el Rey dirá: "Les digo la verdad, cuando hicieron alguna de estas cosas al más insignificante de éstos, mis hermanos, ¡me lo hicieron a mí!".* Todo lo que hagamos en servicio a los demás, la palabra nos declara que lo estamos haciendo literalmente al mismo Señor. **Es un verdadero privilegio servir a los demás.**

Posición numero tres:

Somos un equipo antes los ojos de Dios

En el Reino todos somos importantes para Dios. El que limpia los baños en la iglesia es tan importante como el que da consejerías matrimoniales o predica desde el altar. Dios ve a sus hijos como un gran equipo donde todos tienen responsabilidades diferentes pero todos trabajan para un mismo fin, el Reino de Dios. En 1 de Corintios 12:12-26 nos habla del cuerpo de Cristo y todos sus miembros. Es a través de esta palabra donde nos demuestra que todos los miembros son importantes para el cuerpo no importando lo insignificante que se vean.

El cuerpo humano tiene muchas partes, pero las muchas partes forman un cuerpo entero. Lo mismo sucede con el cuerpo de Cristo. Entre nosotros hay algunos que son judíos y otros que son gentiles; algunos son esclavos, y otros son libres. Pero todos fuimos bautizados en un solo cuerpo por un mismo Espíritu, y todos compartimos el mismo Espíritu.

Así es, el cuerpo consta de muchas partes diferentes, no de una sola parte. Si el pie dijera: «No formo parte del cuerpo porque no soy mano», no por eso dejaría de ser parte del cuerpo. Y si la oreja dijera: «No formo parte del cuerpo porque no soy ojo», ¿dejaría por eso de ser parte del cuerpo? Si todo el cuerpo fuera ojo, ¿cómo podríamos oír? O si todo el cuerpo fuera oreja, ¿cómo podríamos oler?

Pero nuestro cuerpo tiene muchas partes, y Dios ha puesto cada parte justo donde él quiere. ¡Qué extraño sería el cuerpo si tuviera sólo una parte! Efectivamente, hay muchas partes, pero un solo cuerpo. El ojo nunca puede decirle a la mano: «No te necesito». La cabeza tampoco puede decirle al pie: «No te necesito».

De hecho, algunas partes del cuerpo que parecieran las más débiles y menos importantes, en realidad, son las más necesarias. Y las partes que consideramos menos honorables son las que vestimos con más esmero. Así que protegemos con mucho cuidado esas partes que no deberían verse, mientras que las partes más honorables no precisan esa atención especial. Por eso Dios ha formado el cuerpo de tal manera que se les dé más honor y cuidado a esas partes que tienen menos dignidad. Esto hace que haya armonía entre los miembros a fin de que los miembros se preocupen los unos por los otros. Si una parte sufre, las demás partes sufren con ella y, si a una parte se le da honra, todas las partes se alegran.

La responsabilidad de un líder como cabeza del cuerpo es poder transmitir este mensaje de equipo al cuerpo entero donde todos los miembros son importantes no importando la posición que ocupen en el cuerpo de Cristo. Para que el equipo (cuerpo) de Cristo pueda gobernar con autoridad, el líder debe enfocar a todos los miembros en una sola cosa, la Visión de Dios. Siempre y cuando un líder sirva a sus discípulos como cabeza (primera posición de servicio) y con un corazón de servicio por los demás (segunda posición de servicio), automáticamente sus discípulos verán a su líder como uno igual que ellos (tercera posición) y se sentirán aptos para llevar a cabo sus tareas. Esta tercera posición dentro de un cuerpo hace que todos ocupen su lugar y cada uno respete la posición de sus hermanos sin egos ni envidias.

Las características del cuerpo Cristo

Cuando una iglesia adopta una actitud de servicio por los demás, la comunidad que le rodea le verá como la solución a sus problemas. El cuerpo de Cristo debe manifestar las mismas características que la primera iglesia manifestó a través de los apóstoles. Estas características son:

- Unidad
- Crecimiento espiritual
- Comunión fraternal
- Provisión alimenticia
- Manifestaciones milagrosas y maravillas
- Generosidad entre los hermanos
- Crecimiento corporal

En Hechos 2:42-47 dice: *Todos los creyentes se dedicaban a las enseñanzas de los apóstoles, a la comunión fraternal, a participar juntos en las comidas (entre ellas la Cena del Señor), y a la oración. Un profundo temor reverente vino sobre todos ellos, y los apóstoles realizaban muchas señales milagrosas y maravillas. Todos los creyentes se reunían en un mismo lugar y compartían todo lo que tenían. Vendían sus propiedades y posesiones y compartían el dinero con aquellos en necesidad. Adoraban juntos en el templo cada día, se reunían en casas para la Cena del Señor y compartían sus comidas con gran gozo y generosidad, todo el tiempo alabando a Dios y disfrutando de la buena voluntad de toda la gente. Y cada día el Señor agregaba a esa comunidad cristiana los que iban siendo salvos.*

Fueron a través de las enseñanzas de los apóstoles (lideres) lo que incitó a este cuerpo (comunidad) a tener todas las cosas en común entre ellos. Los apóstoles pudieron discipular a este cuerpo de tal manera que los egocentrismos, las envidias y las contiendas fueran cosas del pasado. Las características de esta primera iglesia deben ser el modelo principal de todas las iglesias de

Cristo donde podemos ver claramente el Reino de Dios establecido aquí en la tierra.

Que mucho nos falta por crecer.

Reflexión del capítulo:

- Una cosa es proclamar con nuestra boca el evangelio y otra poner por práctica lo que predicamos.
- Debemos enseñar a nuestros discípulos a no poner la mirada en nosotros, sino en Cristo, esto no quita la responsabilidad de ser figuras públicas donde una gran nube de testigo constantemente nos mira como ejemplo de lo Alto.
- Entienda que lo que Dios ha puesto en sus manos como líder ha sido un pueblo para que le sirva en sabiduría y lo prepare para gobernar juntamente con usted.
- Un líder nunca debe sentirse superior a sus discípulos
- Es un verdadero privilegio servir a los demás
- En el Reino todos somos importantes para Dios
- Cuando una iglesia adopta una actitud de servicio por los demás, la comunidad que le rodea le verá como la solución a sus problemas

Características de un líder

Mateo 7:15-20
Ten cuidado de los falsos profetas que vienen
disfrazados de ovejas inofensivas pero en realidad
son lobos feroces. Puedes identificarlos por su fruto,
es decir, por la manera en que se comportan. ¿Acaso
puedes recoger uvas de los espinos o higos de los cardos?
Un buen árbol produce frutos buenos y un árbol malo
produce frutos malos. Un buen árbol no puede producir
frutos malos y un árbol malo no puede producir
frutos buenos. Por lo tanto, todo árbol que no produce
frutos buenos se corta y se arroja al fuego. Así es, de la
misma manera que puedes identificar un árbol por su
fruto, puedes identificar a la gente por sus acciones.

En Mateo 7:15-20 Jesús, enseñaba a sus discípulos a poder identificar aquellos falsos profetas que venían disfrazados de ovejas inofensivas. En esta enseñanza metafórica Jesús usa el fruto de un árbol como una señal de identidad. Si usted ha tenido la oportunidad de mirar muchos árboles juntos, muchos de ellos se parecen de tal manera que sus hojas parecen idénticas. Pero, cuando miramos los frutos de cada árbol por más que se parezcan, son los frutos los que nos ayudan a identificarlos correctamente. Jesús quiso demostrarles a los discípulos que la **vida de un hijo de Dios produce frutos como una señal donde constantemente trasmite un mensaje de amor, alegría, paz, paciencia, gentileza, bondad, fidelidad, humildad y control propio.** Estas señales son las que conocemos como el fruto del Espíritu Santo las cuales un ministro debe manifestar como un líder del Reino. En Gálatas 5:22-23 habla muy claramente del fruto del Espíritu los cual indica las características de Jesús aquí en la tierra. A continuación miremos cada componente del fruto como una cualidad exclusiva de un líder.

Amor

Muchas personas miran el amor como un sentimiento del hombre pero no es así. Los sentimientos son parte del alma donde radican las emociones las cuales son variables dependiendo de la situación presente. El amor es todo lo contrario. El amor es espiritual lo cual no tiene emociones y no deja ser, no importando la situación en que se encuentre. 1 Corintios 13:4-7 nos define claramente que significa el amor. *El **amor** es paciente y bondadoso. El **amor** no es celoso ni fanfarrón ni orgulloso ni ofensivo. No exige que las cosas se hagan a su manera. No se irrita ni lleva un registro de las ofensas recibidas. No se alegra de la injusticia sino que se* *alegra cuando la verdad triunfa. El **amor** nunca se da por vencido, jamás pierde la fe, siempre tiene esperanzas y se mantiene firme en toda circunstancia.*

Cuando un líder manifiesta el fruto del amor, éste ama en todo tiempo a pesar de. Siempre busca la manera de cubrir las falta de otros con amor según Cristo cubrió todas nuestras faltas con su vida. El amor es el núcleo principal de la manifestación de todos los frutos del Espíritu Santo la cual da testimonio del amor de Cristo. Si el amor no es manifestado en un líder, todo lo que haga será en vano porque al final lo que permanecerá para siempre será el AMOR.

Alegría (Gozo)

Cuando un líder manifiesta alegría (gozo) en todo tiempo, por lo general éste siempre estará rodeado de muchas gentes. No porque sea una persona agradable sino porque en medio de cualquier situación su estado de ánimo no cambia fácilmente. En Santiago 1:2-4 nos enseña el beneficio de manifestar el fruto de la alegría (gozo). *Amados hermanos, cuando tengan que enfrentar problemas, considérenlo como un tiempo para **alegrarse** mucho porque ustedes saben que, siempre que se pone a prueba la fe, la constancia tiene una oportunidad para desarrollarse. Así que dejen que crezca, pues una vez que su constancia se haya desarrollado plenamente, serán perfectos y completos, y no les faltará nada.*

Dentro de la Visión de Dios siempre vendrán momentos difíciles para los líderes, pero será el fruto de la alegría (gozo) la cual los mantendrá firmes a fin de poder alcanzar la promesa de Dios. Cuando nos falta el fruto de alegría (gozo) como le faltó a Moisés cuando golpeó la peña con ira para que brotara agua. Dios no le permitió entrar a la tierra prometida porque su actitud como líder no era conforme a un líder del Reino. Dios viendo la actitud incorrecta de Moisés, prefirió sustituirlo con Josué para que el pueblo de Israel no tomara esa misma mala actitud de su líder Moisés.

Paz

Cuando un líder tiene la Visión de Dios, éste será probado como mencioné anteriormente para ver si en medio de todo reina la paz de Cristo. En Juan 14:27 dice: »*Les dejo un regalo:* **paz** *en la mente y en el corazón. Y la* **paz** *que yo doy es un regalo que el mundo no puede dar. Así que no se angustien ni tengan miedo.* Una de las estrategias más usada por el enemigo en contra de un líder es de usar el miedo en medio de una adversidad. Cuando el miedo reina lo primero que le roba al líder es la paz. Luego el miedo comienza a producir angustia, ansiedad e inseguridad en el líder deteniéndolo por completo en medio de la visión de Dios. Cuando Moisés envió a los doce líderes a espiar la tierra prometida, diez de ellos reportaron la incapacidad de conquistar aquellas tierras por miedo a los gigantes que habitaban en ellas. Estos diez espías infundieron miedo al pueblo, creando un estancamiento de cuarenta años en el desierto.

Paciencia

En los tiempos de hoy una de las cosas que impera fuertemente por causa de los avances tecnológicos es la impaciencia. Estamos tan acostumbrados a que todo sea hecho rápido y al instante que hemos perdido la capacidad de tener paciencia. No sabemos esperar y esto ha causado grandes problemas en medio de las iglesias y ministerios por causa de adelantarnos al propósito de Dios. Cuando estamos esperando por el cumplimento de la promesa de Dios, siempre vendrán pruebas y tentaciones hacia el líder para ver si el fruto de la paciencia gobierna y éste pueda superar las ansiedades del alma. En Santiago 1:12 dice: *Dios bendice a los que soportan con* **paciencia** *las pruebas y las tentaciones, porque después de superarlas, recibirán la corona de vida que Dios ha prometido a quienes lo aman.* Si a usted como líder Dios le ha prometido algo o le ha dado una visión quiero que sepa que primero Dios le va a probar dándole todo lo contrario a lo que El le habló para que su fe se perfeccione a través de la paciencia.

Gentileza

1 Corintios 4:12-14 dice: *Nos cansamos trabajando con nuestras manos para ganarnos la vida. Bendecimos a los que nos maldicen. Somos pacientes con los que nos maltratan.* [13] *Respondemos con* **gentileza** *cuando dicen cosas malas de nosotros. Aun así se nos trata como la basura del mundo, como el desperdicio de todos, hasta este preciso momento.* La gentileza es una postura de elegancia, amabilidad, educación y finura en todo tiempo. Si miramos el postulado del apóstol Pablo aquí en 1ra de Corintios 4:12-14 éste nos demuestra que a pesar de todas las cosas malas, siempre su respuesta a toda situación fue de gentileza. Cuando un líder manifiesta el fruto de gentileza el resultado será de paz en medio de la

situación difícil. Es una señal que transmite un mensaje a los demás de que no venimos en pos de guerra sino que somos embajadores de paz en este mundo.

Bondad

Un líder en el Reino debe tener la inclinación de hacer lo bueno en todo momento. El fruto de la bondad siempre busca una alternativa para beneficiar a otros como Cristo hizo por todos nosotros dándonos todas las cosas juntamente con El. En Romanos 3:23-25 dice: *Pues todos hemos pecado; nadie puede alcanzar la meta gloriosa establecida por Dios. Sin embargo, con una **bondad** que no merecemos, Dios nos declara justos por medio de Cristo Jesús, quien nos liberó del castigo de nuestros pecados.* La verdadera manifestación del fruto de la bondad es dar de lo que tienes al que no se lo merece. Por ejemplo, si alguien le manda al tribunal y le pide la camisa, déle también su abrigo. Si alguien le obliga a llevar una carga pesada por una milla, vaya con el dos. Y cualquiera que le pida prestado aunque sea su enemigo no se lo niegue y déselo como Cristo nos ha dado todo sin merecerlo.

Fidelidad

La determinación del compromiso de un líder hacia la visión de Dios es una demostración del fruto de la fidelidad. El fruto de la fidelidad queda demostrado en un líder cuando en medio de los tiempos difíciles, el líder se mantiene firme en cumplir lo que Dios lo ha llamado a hacer. En 2da de Tesalonicenses 1:3-5 dice: *Amados hermanos, no podemos más que agradecerle a Dios* *por ustedes, porque su fe está floreciendo, y el amor de unos por otros, creciendo. Con orgullo les contamos a las demás iglesias de Dios acerca de la constancia y la **fidelidad** de ustedes en todas las persecuciones y privaciones que están sufriendo. Y Dios usará esa persecución para mostrar su justicia y para hacerlos dignos de su reino, por el cual sufren.* La fidelidad de un líder transmite un mensaje de fuerza, al que ya no tiene ninguna y un mensaje de confianza, al que ha perdido la esperanza. Todo hombre que manifiesta el fruto de fidelidad, Dios lo pone en gracias con los hombres convirtiéndose en un hombre de influencia en la tierra.

Humildad

Santiago 3:13 dice: *Si ustedes son sabios y entienden los caminos de Dios, demuéstrenlo viviendo una vida honesta y haciendo buenas acciones con la **humildad** que proviene de la sabiduría.* Uno de los beneficios del fruto de la humildad es que produce sabiduría en aquellos que se humillan delante de Dios y de los hombres. Pablo siendo apóstol de la gracia nunca se consideró más que otros sino que se consideró esclavo para que su orgullo no lo hiciera caer. Dice la palabra en Proverbios 16:18 *que el orgullo va delante de la destrucción, y la arrogancia antes de la caída.* El fruto de la humildad protege al líder de actuar con prepotencia y autosuficiencia las cuales son desarrolladas por el mismo orgullo. Como mencioné anteriormente, la humildad produce sabiduría y ésta será quién nos conduzca a un buen comportamiento evitando la destrucción producida por nuestra misma rebelión.

Control Propio

Proverbios 16:32 dice: *Mejor es ser paciente que poderoso; más vale tener* **control propio** *que conquistar una ciudad.* Salomón a través de este versículo nos enseña que el que tiene control propio gobierna bien su vida. Cuando hablamos de gobernar nuestra propias vidas esto se refiere a manejar bien los pensamientos y las emociones antes de tomar una decisión. Una característica esencial de un líder con control propio es que siempre piensa antes de hablar. Por lo general, no da contestaciones a la ligera sino que procesa bien su pensamiento para hablar con sabiduría. Santiago 3:1-11 nos enseña que lo más difícil de controlar o gobernar es la lengua. Las cosas que decimos que nacen en el corazón, si no son procesadas por el Espíritu Santo, nos pueden causar grande problema en nuestras vidas. Si usted desea manifestar el fruto del control propio, usted tendrá que someter su vida al dominio total del Espíritu Santo de Dios donde hará morir las obras de la carne.

Conclusión:

El fruto del Espíritu en un líder de Dios es lo que hace la diferencia entre éste y otros líderes terrenales. Usted como líder podrás tener visión, credibilidad, pasión, carisma y muchas otras cualidades, pero si el fruto del Espíritu no es manifestado en ti, entonces aún no tienes las características de Jesucristo las cuales hicieron la diferencia en todos nosotros.

Reflexión del Capitulo:

Gálatas 5:22-23	1 Corintios 13:4-7
El Fruto del Espíritu	El Amor
AMOR	
Paciencia	Paciente
Bondad	Bondadoso
	No es egoísta
Paz	Todo lo disculpa
	No es rencoroso
Fidelidad	Todo lo cree
	Todo lo espera
Alegría	Se alegra de la verdad
Humildad	No es jactancioso ni orgulloso
	No es envidioso
Amabilidad	No es grosero
Dominio Propio	Todo lo soporta